M L

Semantic Wikis: die neue Faktendatenbank der Wikipedia

GRIN Verlag

Bibliografische Information der Deutschen Nationalbibliothek:

Die Deutsche Bibliothek verzeichnet diese Publikation in der Deutschen National-
bibliografie; detaillierte bibliografische Daten sind im Internet über http://dnb.d-
nb.de/ abrufbar.

Impressum:

Copyright © 2012 GRIN Verlag GmbH
Druck und Bindung: Books on Demand GmbH, Norderstedt Germany
ISBN: 978-3-656-28370-6

Dieses Buch bei GRIN:

http://www.grin.com/de/e-book/201382/semantic-wikis-die-neue-faktendatenbank-
der-wikipedia

GRIN - Your knowledge has value

Der GRIN Verlag publiziert seit 1998 wissenschaftliche Arbeiten von Studenten, Hochschullehrern und anderen Akademikern als eBook und gedrucktes Buch. Die Verlagswebsite www.grin.com ist die ideale Plattform zur Veröffentlichung von Hausarbeiten, Abschlussarbeiten, wissenschaftlichen Aufsätzen, Dissertationen und Fachbüchern.

Besuchen Sie uns im Internet:

http://www.grin.com/

http://www.facebook.com/grincom

http://www.twitter.com/grin_com

Semantic Wikis: die neue Faktendatenbank der Wikipedia

Seminararbeit BA Wissensmanagement

EINGEREICHT BEI: EINGEREICHT AM: 11. JUNI 2012

EINGEREICHT VON:

ABSTRACT

Wikipedia ist eines der größten im Internet zugänglichen enzyklopädischem Wissensarchive. Das stetige Wachstum hat jedoch eine so große Menge an Daten geschaffen, dass es immer schwerer wird Informationen zu finden. Die unterstützende Strukturierung durch den Computer ist dringend notwendig. Voraussetzung ist eine maschinell lesbare, semantische Kommentierung In dieser Arbeit sollen die Möglichkeiten einer semantischen Wikipedia ausgeleuchtet werden und die Entwicklungen praktischer Ansätze nachvollzogen werden.

Inhalt

1 Motivation

Liest man einen Artikel in Wikipedia über eine Stadt in georgischer Sprache, sieht man Zeichen, erkennt eventuell Namen oder Zahlen, versteht jedoch deren Bedeutung nicht. Etwa auf diese Weise nimmt ein Computer die Wikipedia wahr.

Es zeichnet sich jedoch ab, dass die Unterstützung des Computers für die Strukturierung der undurchschaubaren Menge an Informationen in Wikipedia immer dringender wird. Beispielsweise wird der Zeitaufwand, Informationen zu finden zu hoch, und nicht alles Wissen wird auch entdeckt. Voraussetzung für maschinelle Unterstützung ist aber, dass der Computer die Daten interpretieren kann, um sie sinnvoll zusammenzufassen und verknüpfen zu können. Dies kann entweder durch Künstliche Intelligenz, wie sie etwa Suchmaschinen im Internet verwenden, oder durch Semantik erreicht werden. Mit einer semantischen Beschreibung des Inhaltes würde der Computer die Bedeutung der wichtigsten Daten, wie zum Beispiel Name, Einwohnerzahl und Fläche einer Stadt verstehen und könnte sie mit anderen Inhalten vergleichen. Da an kaum einem anderen Ort im Netz Wissen und Daten so konzentriert und strukturiert vorliegen, steckt ein enormes Potential in einer durch den Rechner interpretierbaren Wikipedia.

Diese Arbeit beschäftigt sich, nach einer Erläuterung der Grundbegriffe, mit der Funktionsweise einer semantischen Wikipedia und lotet aus, welche Nachteile und Vorteile sie mit sich bringt. Daraufhin wird die Entwicklung einer praktischen Umsetzung bis heute nachgezeichnet und die Frage verfolgt, warum die Einführung einer semantischen Wikipedia so schleppend verläuft.

2 Theoretischer Hintergrund

2.1 Grundbegriffe

Wissen setzt sich aus Grundbausteinen zusammen, die Wissen speichern und kommunizieren. An erster Stelle steht das Zeichen, als kleinster Baustein. Aus den Zeichen setzen sich Daten, durch Verbindung der Zeichen in einer Syntax, zusammen. Eine Aussage über die Verwendung ist damit jedoch noch nicht gegeben. Daten werden zu Informationen, sobald sie angewendet und in einen Kontext eingeordnet werden. Auf Grundlage dieser Elemente entsteht Wissen dann als Vernetzung von Informationen, um mit der Kenntnis von Ursache und Wirkung Vorhersagen über die Realität zu treffen. Diese Aussagen werden nur für einen bestimmten Zweck gebildet und haben keinen absoluten und objektiven Charakter, sondern sind ein abstraktes Modell (Rehäuser & Krcmar, 1996, S. 4-7). Die Behauptung ist nur für einen Fall und für ein bestimmtes Subjekt gültig. „Demnach ist Wissen subjekt-, zweckrelativ, perspektivisch und setzt die Kenntnis seiner Herkunft voraus." (Rehäuser & Krcmar, 1996, S. 6).

Wissen lässt sich in explizites und implizites Wissen kategorisieren. Implizites Wissen ist nur teilweise formal darstellbar und kommunizierbar. Es setzt sich aus persönlichen Erfahrungen und Lernprozessen zusammen. Explizites Wissen hingegen lässt sich formal in Aussagen fassen und kann beispielsweise in Sätzen gespeichert und weitergegeben werden (Rehäuser & Krcmar, 1996, S. 7-8). Hierzu ist der Träger „Information" als Kommunikationsmedium notwendig (North, 2005, S. 33).

Der schriftliche Austausch von explizitem Wissen geschieht durch Bücher, Zeitungen, das Internet, und, seit etwa 1994, auch durch Wikis. Das hawaiische Wort Wiki bedeutet übersetzt „schnell" und „formlos" und beschreibt eine Webseite, die eine frei erweiterbare Sammlung miteinander verlinkter Einträge enthält. Die Inhalte können ohne technisches Wissen bearbeitet und nach Belieben strukturiert werden (Leuf & Cunningham, 2005, S. 14-15). Die über 200 Software-Anwendungen, welche ein Wiki zur Verfügung stellen, unterscheiden sich zwar in ihrem Funktionsumfang, haben aber alle gemeinsam, dass jede Seite bearbeitet werden kann, interne Verlinkungen bestehen, die Änderungen verfolgt und rückgängig gemacht werden können (Ebersbach & Glaser, 2005, S. 131-132).

Nachdem die grundlegenden Begrifflichkeiten geklärt sind, wird darauf aufbauend das Semantische Wiki folgen.

2.2 Semantisches Wiki

Die Semantik ist neben der Syntaktik und der Pragmatik eine Teildisziplin der Semiotik, der Wissenschaft von den Zeichensystemen. Ein Zeichen wird von einem Interpreten mittelbar interpretiert. Das, wovon Notiz genommen wird, oder was vermeintlich wahrgenommen wird, bezeichnet man als Designant. Zum Beispiel wird Feuer durch das Zeichen Rauch designiert und ist in diesem Fall Designant. Die Beziehung des Zeichenträgers zu seinem Designanten wird als semantische Dimension bezeichnet, ihre Untersuchung obliegt der Semantik. Ein Zeichen ist dann vollständig analysiert, wenn die Beziehung zu anderen Zeichen, zu dem Interpreten und zu der Bedeutung hergestellt ist (Hoffmann, 2010, S. 112-113).

Ein herkömmliches Wiki erzeugt nur die syntaktische Ebene, die/der menschliche Leser/-in muss die Bedeutung erschließen und interpretieren. Ein semantisches Wiki zielt darauf ab, nicht nur die Verknüpfungen zwischen den Seiten untereinander darzustellen, sondern auch den einzelnen Artikeln und Verlinkungen zusätzliche Informationen, in Form ihrer Bedeutungen, maschinell lesbar hinzuzufügen.

Semantische Wikis werden für zwei Anwendungen genutzt: Wissensmanagement und *Ontology Engineering*. Im Wissensmanagement verbessert die Semantik Navigation und Suche und unterstützt so das Wiederfinden von Wissen. Da die Inhalte, die ohne semantische Annotationen bestehen, weiter verwendet werden können, ist eine schrittweise Formalisierung möglich. Außerdem können mehrere Wikis, die unabhängig voneinander entstanden sind, integriert werden, um Daten miteinander auszutauschen. Die Entwicklung von Ontologien, also formal geordneter Begrifflichkeiten mit logisch definierten Beziehungen, wird durch ein semantisches Wiki sehr erleichtert, da vergleichsweise wenig Verständnis für die Formalismen notwendig ist und die Erweiterung schrittweise erfolgen kann (Schaffert, Bry, Baumeister, & Kiesel, 2007, S. 437-438). Beispielsweise entwickelt die Gene Regulation Ontology eine Sammlung von Begriffen, die die Zusammenhänge von Genen und ihrer Steuerung mit Hilfe eines semantischen Wikis formal ausdrückt (Gene Regulation Ontology, 2012).

3 Die Wikipedia als semantisches Wiki?

Nach der Klärung der Grundbegriffe schließt sich die Darstellung der semantischen Wikipedia an.

Im Folgenden werden die Möglichkeiten einer semantischen Strukturierung des Inhaltes der Wikipedia dargestellt und erörtert. Nach einer Analyse des aktuellen Aufbaus der Wikipedia werden die konkreten Vorteile und Hürden einer potentiellen Einführung von Semantik in die Wikipedia beleuchtet. Anschließend werden die Entwicklung praktischer Umsetzungen dargestellt und Gründe für die schleppende Einführung von Semantik in die Wikipedia gesammelt.

3.1 Aktuelle Umsetzung der Wikipedia

Die Wikipedia ist die Anwendung eines Wikis mit dem Selbstverständnis, eine frei editierbare Enzyklopädie zu sein. Entsprechend setzt sich der Begriff aus dem oben erläuterten „Wiki" und „pedia" für „encyclopedia" zusammen (Wikipedia, 2012b). Sie wurde im Jahre 2001 mit dem Ziel gegründet, den einfachen Austausch von Wissen zu ermöglichen. Aus diesem Grund orientiert sich der Aufbau an didaktischen Ansprüchen menschlicher Leser/-innen (Krötzsch, Vrandečić, Völkel, Haller, & Studer, 2007, S. 253). Die Inhalte werden über Verlinkungen von Titeln und Begriffen im Fließtext verknüpft und zusätzlich in sogenannten Namensräumen und Kategorien zusammengefasst. Namensräume ordnen die Artikel nach Art, etwa Text, User, oder Foto. Kategorien ordnen hierarchisch innerhalb eines Namensraumes (Wikipedia, 2012b). Weiterhin sorgen Navigationsleisten, die innerhalb eines Artikels auf verwandte Inhalte verweisen, und Listen, die Einträge unter einem bestimmten Gesichtspunkt auflisten, für Orientierung (Wikipedia, 2012a).

3.2 Nachteile der bestehenden Struktur

Die beschriebene Struktur ist eine sinnvolle Unterstützung für die Recherche. Die formalen Ansprüche für die Interpretation durch einen Computer werden dabei jedoch nicht erfüllt. Sich daraus ergebende Nachteile sollen im Folgenden dargestellt werden.

Nachteilig sind synonyme Einträge, die trotz gleichen Inhaltes mehrfach bestehen, und homonyme Titel, die gleichzeitig auf vollständig unterschiedliche Inhalte verweisen. Es bestehen zwar *redirects*, Weiterleitungen von Synonymen zu einem Hauptartikel und *disambiguation pages*, Übersichtsseiten, die Homonyme auflösen. Das begegnet dem Problem jedoch nur auf maschinell nicht lesbarer Ebene. So kann es beispielsweise passieren, dass gleiche Inhalte voneinander unabhängig an verschiedenen Stellen entstehen, weil die Doppelung nicht bemerkt wird (Krötzsch et al., 2007, S. 253).

Neben der Fehleranfälligkeit menschlichen Handelns ist auch die verarbeitbare Menge an Informationen begrenzt und könnte durch den Computer unterstützt werden. Allerdings können in Wikipedia Informationen, die über mehrere Artikel verteilt sind, nicht automatisch zusammengeführt werden. Eine Suchanfrage kann nicht mehrere Artikel gleichzeitig einschließen und anhand gewünschter Parameter vergleichen (Krötzsch et al., 2007, S. 251). Sucht man zum Beispiel alle James Bond Filme aus den Sechzigern, in denen *Sean Connery* nicht mitspielt, wird kein sinnvolles Ergebnis ausgegeben, obwohl die Information in der Wikipedia gespeichert ist (Krötzsch, Vrandečić, & Völkel, 2005, S. 1-2).

Ebenso sind die Daten für Abfragen externer Dienste nur begrenzt brauchbar, weil ein Standard zum Austausch fehlt. Insbesondere bei Daten in Zahlenform ist die automatische Interpretation abhängig von Algorithmen, die durch Fehler die Qualität der extrahierten Daten herabsetzen (Krötzsch et al., 2007, S. 251).

Neben der nicht gegebenen Möglichkeit komplexerer Abfragen ist auch die Wartungsarbeit bereits bestehender Strukturierungen sehr zeitaufwendig. Die in der Beschreibung der Wikipedia genannten Navigationsleisten und Listen müssen manuell von den Nutzern und Nutzerinnen erstellt und aktualisiert werden. So laufen sie aber Gefahr, nicht aktuell, oder unvollständig zu sein. Besonders häufig ist dies der Fall bei selten genutzten Inhalten oder weniger verbreiteten Sprachen. Beispielsweise könnte der Fall eintreten, dass die Liste, die alle Autorinnen und Autoren aus Mali enthalten soll, nicht vollständig ist, obwohl die Information in Wikipedia Artikeln eigentlich enthalten ist (ZEIT, 2011). Hervorzuheben ist in diesem Zusammenhang die Größe der Wikipedia. Alleine die englische Wikipedia umfasst fast vier Millionen Artikel, und es sind bereits über 100 übersetzte Wikipedias mit mehr als 10.000 Artikeln entstanden, was den Zeitaufwand von Wartungsarbeiten und Aktualisierungen stark vergrößert. Während eines Vortrages auf der *Semantic MediaWiki Conference* im Herbst 2011 weist einer der Hauptentwickler von Semantic MediaWiki darauf hin, dass bei Einträgen die Jahresübersichten enthalten, 90 Prozent der Überarbeitungen auf die Pflege der Links zwischen Artikeln und Übersetzungen entfielen (elstatchcobar, Vrandečić, & Kinzler, 31/10/2011, S. 10:20-11:30).

3.3 Vorteile einer semantischen Strukturierung der Wikipedia

Es wurde deutlich, dass die Lösungsansätze der Vergangenheit nicht weit genug führen und nicht das Potential haben, die beschriebenen Probleme, wie synonyme Einträge oder fehlende Standards für Abfragen externer Dienste, vollständig zu beheben. Dass eine Wikipedia mit semantischer Beschreibung deutlich bessere Erfolgsaussichten hat, soll jetzt gezeigt werden.

Doppelte und mehrdeutige Titel würden durch Einführung von Entitäten, also eindeutigen semantischen Bezeichnungen, kein Hindernis mehr für den Computer darstellen. Einträge würden nicht mehr über ihren Namen und ihre URL, sondern über ihre Bedeutung, die als semantische Information hinzugefügt wird, identifiziert (Krötzsch et al., 2007, S. 251). Zum Beispiel könnte die Schnittmenge einer Gruppe von Synonymen einem Computer mitgeteilt werden, damit er alle Anfragen auf einen einzigen Artikel weiterleitet (Krötzsch et al., 2007, S. 253). Neben der erhöhten Genauigkeit würde viel Zeit, die für den Abgleich der Links über alle Übersetzungen benötigt wird, eingespart werden. Änderungen eines Verweises in einer Sprache würden sich sofort auf alle Übersetzungen niederschlagen.

Außerdem wüsste die Software, welche Bedeutung die wichtigsten Daten innerhalb der Beiträge besitzen und wie sie miteinander verglichen werden können. Damit könnte die Suche nach Informationen, die vormals mühsam aus unterschiedlichen Wikipedia Artikeln entnommen und verglichen werden mussten, durch automatische Berechnung anhand mehrerer vorgegebener Parameter unterstützt werden (Krötzsch et al., 2007, S. 251). Beispielsweise könnte die Suche alle Bücher von weiblichen Autorinnen ausgeben, die innerhalb eines bestimmten Zeitraums veröffentlicht wurden. Zusätzlich könnten Suchanfragen und Recherchen vereinfacht werden durch eine visuelle Darstellung der Meta-Verknüpfungen, etwa durch animierte Begriff-Wolken, die Zusammenhänge zwischen den Bezeichnungen mit Verbindungslinien darstellen. Verbindungen, die über Titel oder Kategorie hinausgehen, würden sofort ersichtlich (Krötzsch et al., 2005, S. 12).

Mit der Verbesserung von Abfragen innerhalb der Wikipedia würde gleichzeitig die Kommunikation mit anderen Software-Anwendungen verbessert. Das gespeicherte Wissen der Wikipedia ist wegen seines großen Umfanges interessant für die Weiterverwendung durch externe Dienste. Würde mit der semantischen Kommentierung ein Standard etabliert, der unterschiedlichen Anwendungen einen Austausch der Daten ermöglichen würde, könnte ihre Nutzung über ein Browser basiertes Lesen auf den Seiten der Wikipedia weit hinausgehen. (Krötzsch et al., 2007, S. 251).

Nicht nur individuelle, computergestützte *queries*, sondern auch festgelegte Abfragen zur Navigation würden profitieren. Oben erwähnte Orientierungshilfen, wie Navigationsleisten und Listen, könnten, nach einmaliger Definition der Kriterien, durch automatisierte Vorgänge erstellt und über alle Sprachen aktuell gehalten werden. Die vormals notwendige manuelle Bearbeitung und die damit verbundene Zeitverzögerung und Fehleranfälligkeit, welche durch die große Anzahl der Einträge und die Mehrsprachigkeit zusätzlich verstärkt wurden, fiele weg (Krötzsch et al., 2007, S. 255).

Man kann sagen, dass Semantik all die Funktionen hinzufügt, die über ein einfaches Lesen hinausgehen und die Voraussetzungen für im Hintergrund laufende Algorithmen und Zugriffe externer Computer schaffen.

3.4 Probleme, die durch Semantik in der Wikipedia entstehen

Im Vergleich zu dem in der Einführung beschriebenen semantischen Wiki werden nicht alle Möglichkeiten wie etwa *Ontology Engineering* ausgeschöpft. Die Gründe werden nachfolgend aufgeführt.

Rein textbasierte Wikis erfordern keine Eingabe nach bestimmten Regeln, semantische Wikis jedoch verlangen einen bestimmten Grad an formaler Eingabe. Die Daten müssen so eingegeben werden, dass die Definition, die dem Programm vorab mitgeteilt wurde, eingehalten wird (Schaffert et al., 2007, S. 438).

2010 zeigte Jie Bao in einer Studie, dass Menschen in die Funktionsweise semantischer Annotationen eingeführt werden müssen, um sie, ohne viele Fehler zu begehen, anwenden zu können (Bao, 2010). Folglich mindert eine zu ausgeprägte Formalisierung die Qualität der Daten. Zusätzlich kam der Autor zu dem Schluss, dass nur eine kleine Elite die semantischen Funktionen nutzte. Mit der Möglichkeit eines semantischen Wikis, sowohl natürliche als auch formale Sprache zu nutzen, würde ein Wiki jedoch auch für weniger versierte Benutzer/-innen editierbar bleiben. „Normale" Benutzer/-innen könnten Inhalte bearbeiten, ohne semantische Kommentierungen zu verwenden, und technisch Versiertere würden diese nachträglich hinzufügen (Bao, 2010).

Außerdem weist Joachim Schroer 2008 in seiner Diplomarbeit nach, dass eine positive Kosten-Nutzen Einschätzung ein wichtiger Faktor für die aktive Beteiligung an der Wikipedia ist. Zwar beschäftigt sich die Studie nicht mit einer semantischen Wikipedia, aber es wird deutlich, dass eine zu komplexe Funktionsweise aktive Beteiligung behindern könnte, weil sich die wahrgenommenen Kosten durch die verlängerte Einarbeitung erhöhen (Schroer, 2008, S. 156-157).

Da die Wikipedia auf die Mitarbeit vieler ehrenamtlicher Mitarbeiter/-innen angewiesen ist, kann die Formalisierung nur bis zu einem bestimmten Grad vorgenommen werden, um die Nutzer/-innen nicht zu überfordern oder abzuschrecken und die Fehlerrate der semantischen Anmerkungen niedrig zu halten.

Gleichzeitig ist nur ab einem bestimmten Formalisierungsgrad der Anteil an maschinell interpretierbaren und qualitativ hochwertigen Daten so groß, dass die Semantik tatsächlich nützlich wird. Es muss darum zwischen geringer Strukturierung und geringer Qualität der Daten und hoher Strukturierung, mit höherer Qualität, je nach Einsatzzweck abgewogen werden (Schaffert et al., 2007, S. 438). Zum Beispiel wäre der formale Anspruch sehr hoch, wenn jedes Wort semantisch annotiert würde, aber die Möglichkeiten, die Inhalte mit Hilfe des Computers auszulesen und zu vergleichen, vergrößerten sich. Welches Maß an Formalisierung tatsächlich optimal wäre, kann im Rahmen dieser Arbeit jedoch nicht geklärt werden.

Die Fähigkeit semantischer Beschreibung, eindeutig zu sein, ist auch mit Nachteilen behaftet, da Wissen, wie in Kapitel 2.1 festgestellt, relativ ist und keine absolute Wahrheit wiedergibt.

Ein konkretes Beispiel ist die unterschiedliche Flächenangabe von Ländern, die durch Messverfahren oder politisch unterschiedliche Ansichten voneinander abweichen (Deutschlandfunk Kultur, 15/01/2011, S. 4:30-5:30). Oder die Herausforderung, semantische Begrifflichkeiten zu finden, die Zusammenhänge treffend beschreiben. Für das erste Beispiel ist eine Lösung zu finden, die es ermöglicht, die verschiedenen Daten nebeneinander stehen lassen zu können. Die Lösung für das zweite Beispiel läge darin, die semantischen Begriffe, ähnlich wie es beim Ausarbeiten von Kategorien bereits geschieht, innerhalb der Wikipedia zu diskutieren und abzustimmen (Deutschlandfunk Kultur, 15/01/2011, S. 3:50-4:30).

Im diesem Kapitel ist deutlich geworden, dass einer formalisierten Wikipedia auch Nachteile innewohnen. Es wurde auf sie aufmerksam gemacht und es wurde deutlich, dass diese Hürden für eine erfolgreiche Einführung von Semantik in die Wikipedia zu nehmen sind.

3.5 Überblick über den Entwicklungsstand praktischer Ansätze

Nach den vorangegangenen theoretischen Auseinandersetzungen wird nun die Entwicklung praktischer Ansätze chronologisch betrachtet.

2005 veröffentlichten Markus Krötzsch, Denny Vrandečić und Max Völkel auf der Wikimania Konferenz 2005 die erste Idee für eine semantische Wikipedia. Mit dem Projekt *Semantic MediaWiki* sollte die Anwendung MediaWiki, auf der die Wikipedia basiert, um grundlegende semantische Funktionen erweitert werden.

In dem Beitrag orientiert sich die vorgeschlagene Restrukturierung an dem Ressource Description Framework (abgekürzt RDF), einem Datenmodell zur Beschreibung von Metadaten im Internet, das von dem *World Wide Web Consortium* 1999 als Standard herausgegeben wurde (Lassila & Swick, 1999). Die Autoren gehen davon aus, dass das Subjekt-Prädikat-Objekt-Modell, welches RDF zugrunde liegt, einfach in die Wikipedia übernommen werden könne (Krötzsch et al., 2005, S. 2-4).

Als wichtigen Bestandteil stellen sie die Typisierung von Links, die zusätzliche Informationen über die Art der Verlinkungen hinzufügen würde, heraus. Diese Relationen würden, ähnlich wie Kategorien, auf Wiki-Seiten manuell definiert werden. Links würden dann innerhalb der Artikel durch zusätzliche Angaben erweitert und als Annotationen im Artikel gespeichert werden. Zum Beispiel könnte einem Link zwischen einer Stadt und einem Land, „Hauptstadt von" hinzugefügt werden, um dem Computer die Beziehung verständlich zu machen. Die Lösung sei flexibel und unaufdringlich, da die Eingabe einer Beschreibung auf Metaebene nicht verpflichtend sei, die zusätzliche Beschreibung könne einfach ignoriert werden (Krötzsch et al., 2005, S. 4-5).

2007 veröffentlichen Autoren um Markus Krötzsch, Denny Vrandečić und Max Völkel erneut einen Artikel über eine semantische Wikipedia, in dem die Idee weiterentwickelt wird. Es wird jedoch von dem 2005 in Erwägung gezogenen Format RDF als Grundprinzip Abstand genommen, weil es zu komplex sei. Dafür solle aber die Weitergabe der gespeicherten Informationen durch eine Exportfunktion im RDF Standard ermöglicht werden. Die Autoren weisen darauf hin, dass schon die Typisierung der bestehenden Links enorme Vorteile bringe. Neu hinzugekommen sind Ideen, welche die Orientierung erleichtern sollen. So wird vorgeschlagen, die semantischen Annotationen in einer *Factbox* auf der Artikelseite aufzuführen und damit „semantic browsing" zu ermöglichen. (Krötzsch et al., 2007, S. 253-256)

Zwischen 2007 und 2010 wird die Semantic MediaWiki technisch weiterentwickelt. Seit 2010 findet halbjährlich die *Semantic MediaWiki Conference* statt, um sich über die Fortschritte auszutauschen und neue Ideen zu generieren (Semantic MediaWiki, 2012). Da die Veränderungen technische Details betreffen und großenteils irrelevant sind für die Wikipedia, werden diese Entwicklungen nicht dargestellt. Anzumerken ist jedoch, dass bis Ende 2011 Semantic MediaWiki in mehreren hundert Wikis von Unternehmen und privaten Personen genutzt wird (WikimediaIL, Vrandecic, Koren, & Kinzler, 16/09/2011, S. 7:00-7:30).

Auf der ersten Semantic MediaWiki Conference im Jahre 2010 wird eine Neuausrichtung durch eine Studie angestoßen: Jie Bao beschäftigt sich in der bereits in Kapitel 3.4 erwähnten *Studie The Unbearable Lightness of Wiking* mit der Fragestellung, ob ein semantisches Wiki so erfolgreich wie ein herkömmliches Wiki sein kann. Er ließ seine Probanden, nach einer Einführung in die Thematik des semantischen Wikis, ein solches semantisch annotieren. Es stellte sich heraus, dass viele Fehler gemacht wurden und mehrere Benutzer/-innen das Wiki wegen fehlendem Verständnis ohne semantische Anmerkungen einsetzten (Bao, 2010).

Die Studie nimmt vorweg, was die Entwickler des Semantic MediaWiki 2011 auf der Wikimania Konferenz bekannt geben: Für die Umsetzung der semantischen Wikipedia sollen Tags innerhalb des Fließtextes nicht mehr Grundstein für Semantik in der Wikipedia sein (WikimediaIL et al., 16/09/2011, S. 4:30-7:00). Stattdessen sollen nun nicht mehr die bestehenden Wikipedias semantisch annotiert werden, sondern eine zentrale Sammlung dieser Informationen in dem vorgestellten Projekt Wikidata entstehen. Der Ansatz von Wikidata ist mit *Wikimedia Commons*, das Mediendateien zentral abrufbar speichert, vergleichbar (WikimediaIL et al., 16/09/2011, S. 13:30-15:30).

Die semantischen Daten sollen nun nur in den bereits viel genutzten Infoboxen, die wichtige Daten in tabellarischer Form enthalten, am Anfang der Artikel wiedergegeben werden. Mit dieser Lösung werden kritische Punkte, die in Kapitel 3.4 beschrieben wurden, vereinfacht. Die Formalisierung kann auf ein Minimum reduziert werden, da die Eingabe in die Infoboxen durch Formulare und nicht durch formale Sprache direkt von der Artikelseite erfolgt (WikimediaIL et al., 16/09/2011, S. 21:40-22:15), (elstatchcobar et al., 31/10/2011, S. 24:15-25:00).

Die Implementation solle in drei Schritten erfolgen: Zuerst sollen für alle Wikipedia Artikel schrittweise eindeutige Entitäten in Wikidata erstellt werden. So werden Übersetzungen nicht mehr untereinander verlinkt, sondern greifen auf eine zentrale Entität zu. Im zweiten Schritt werden die Infoboxen so angepasst, dass die enthaltenen Informationen nicht in den Infoboxen gespeichert sind, sondern direkt von Wikidata abgerufen werden. Der Vorteil ist, dass eine Änderung von Daten nicht manuell in die Übersetzungen übertragen werden muss, sondern dies automatisch erfolgt. Im dritten Schritt sollen interne Abfragen, die automatisch generierte Listen, Visualisierungen und eine semantische Suche bereitstellen, ermöglicht werden (WikimediaIL et al., 16/09/2011, S. 16:45-19:45).

Die Entwickler heben hervor, dass die Daten nicht von Wikidata vorgegeben werden, sondern, wie bei Wikipedia Artikeln bereits üblich, nur ausdrücken, welche Quelle welche Information liefert. Das in Kapitel 3.4 beschriebene Problem voneinander abweichender Quellen, wie das genannte Beispiel unterschiedlicher Angaben über die Fläche eines Landes, soll so gelöst werden, dass mehrere Quellen nebeneinander auftreten können (elstatchcobar et al., 31/10/2011, S. 9:00-9:40).

Am 26. Oktober 2011 gibt Wikimedia Deutschland e. V. bekannt, die Einführung von Wikidata und das Einpflegen erster Datensätze mit 870.000 Euro fördern zu wollen (heise online, 2011). Am 30. März 2012 startet das Projekt Wikidata offiziell mit acht Softwareentwickler/-innen mit einem Budget von 1,3 Millionen Euro aus drei Großspenden. Bis März 2013 sollen alle drei Phasen abgeschlossen sein und das fertige Projekt an die Wikimedia Foundation übergeben werden (Wikimedia Deutschland e. V., 2012).

3.6 Gründe für die Verzögerung einer Einführung von Semantik

Im Verlauf dieser Arbeit wurde deutlich, dass die Vorteile einer semantischen Wikipedia überwiegen und eine Einführung überfällig ist (ZEIT, 2011). Zu Beginn dieses Jahres, also elf Jahre nach der Gründung der Wikipedia werden die Grundsteine gelegt. Es stellt sich die Frage, wieso es nicht schon früher zur praktischen Umsetzung gekommen ist.

Zum ersten erfordert die Gefahr, die Nutzer/-innen durch eine hohe Komplexität abzuschrecken, ein wohlüberlegtes Vorgehen und zeitaufwendiges Sammeln von Erfahrungen. Vergleicht man den ersten Vorschlag für ein Semantic Mediawiki von 2005 und die tatsächliche Umsetzung mit Wikidata, so findet sich diese Problematik bestätigt, denn deutliche Änderungen wurden im Verlauf der Jahre vorgenommen, um die Formalisierung zu reduzieren.

Vor allem aber ist das Vorhaben technisch sehr komplex. Hervorzuheben ist die Mehrsprachigkeit von Wikipedia, die bis zu der Ablösung von Semantic MediaWiki durch Wikidata 2011 nicht von Semantic MediaWiki bewältigt werden konnte (WikimediaIL et al., 16/09/2011, S. 13:00-13:45). Die fehlende Unterstützung für Übersetzungen konnte erst mit der Umstellung von verteilten zu gebündelten semantischen Informationen in Wikidata erreicht werden.

Zu bedenken sind die unglaubliche Größe der Wikipedia und die große Anzahl an Menschen, die von der Idee überzeugt werden müssen, weil ihre ehrenamtliche Unterstützung notwendig ist.

Vollständig überzeugen können die dargelegten Gründe, dass eine Zeitspanne von mehreren Jahren erforderlich ist, um Erfahrungen sammeln zu können und Anwendungen technisch weiterzuentwickeln, jedoch nicht. Sie erklären nicht, wieso von Seiten der Wikimedia Foundation, oder lokaler Wikimedia Ableger wie Wikimedia Deutschland, nicht schon früher Initiative zur Einführung einer semantischen Wikipedia ergriffen wurde. Es kann nur vermutet werden, dass der Umsetzung keine hohe Priorität beigemessen wurde, oder nicht erkannt wurde, dass die hohe Komplexität finanzielle Unterstützung nötig macht und nicht durch ehrenamtliche Arbeit zu bewältigen ist.

4 Fazit

Zu Beginn wurden die Begriffe Daten, Information und Wissen als abstrakte Grundlage von Wikis beschrieben. Darauf aufbauend wurden ein Wiki und die Funktionsweise eines semantischen Wikis betrachtet. Es wurde festgestellt, dass ein semantisches Wiki auch dem Computer ermöglicht, Daten nicht nur zu lesen, sondern ihre Bedeutung zu verstehen. Mit diesem Grundverständnis wurde die Anwendung von Semantik auf die Wikipedia übertragen. Es wurde dargestellt, welche Vor- und Nachteile entstehen und nach einer Diskussion wurde der Schluss gezogen, dass ein großes Potential in der Einführung von Semantik in die Wikipedia steckt. Eingeschränkt wurde diese positive Aussage durch die Feststellung, dass eine zu hohe Formalisierung eher nicht angenommen würde und ein zu geringes Maß die Datenqualität mindern würde, das richtige Maß darum Voraussetzung für eine erfolgreiche Umsetzung ist. Welcher Grad an Formalisierung tatsächlich sinnvoll wäre, konnte jedoch nicht abschließend festgestellt werden.

Nach der theoretischen Betrachtung wurden die Entwicklungen in der praktischen Umsetzung nachgezeichnet. Anfänglich war die Idee formuliert worden, den Fließtext semantisch zu annotieren, was aber verworfen wurde zu Gunsten einer Sammlung der semantischen Informationen außerhalb der Wikipedia. Durch Spenden finanziert, konnte die tatsächliche Umsetzung Anfang 2012 offiziell starten und soll bis 2013 abgeschlossen sein.

Die Beschäftigung mit der Frage, wie Wissen gespeichert und abgerufen werden kann, am Beispiel der Wikipedia, hat mir neue Einsichten in die bestehenden Unzulänglichkeiten der Wikipedia ermöglicht. Ein großes Potential wird verschenkt, weil die Arbeit vieler tausend Nutzer/-innen nicht optimal weiterverwendet wird. Ich bin überzeugt davon, dass die Semantik in der Wikipedia durch Wikidata an Fahrt gewinnen wird. Zwar müsste sich die Community umstellen, aber würde bald realisieren, dass im Gegenzug viel Wartungsarbeit eingespart werden würde, weil Links und Listen nicht mehr manuell und über alle Sprachen fortwährend aktualisiert werden müssten. Dieser Effizienzgewinn und die neuen Möglichkeiten der internen Suche und der Auswertung durch externe Dienste würde die Arbeit für die Wikipedia attraktiver werden lassen.

Andererseits könnte eine semantische Wikipedia auch die Selbstwahrnehmung der Wikipedia eine Gemeinschaft zu sein, die nach demokratischen Regeln entscheidet, konterkarieren. Da in der Studie von Jie Bao gezeigt wurde, dass nur eine kleine Elite semantische Annotationen benutzt, besteht die Gefahr, dass aktive Teilnahme von formalem Bildungsstand abhängig ist.

Die Eigenschaft eines semantischen Wikis, sowohl formale als auch natürliche Sprache enthalten zu können, begrenzt diese Gefahr und sollte darum nicht aufgegeben werden.

Eine weitere Gefahr ist die Möglichkeit, Daten mit großer Reichweite leichter manipulieren zu können. Bei nicht semantischen Wikipedia Artikeln können Änderungen über automatische E-Mails beobachtet werden, um Manipulationen aufzuspüren. Für die semantische Wikipedia sollte nach diesem Vorbild ein ähnlicher Mechanismus gefunden werden.

Mit fortschreitender Semantisierung wird der Computer zwar einen Artikel in georgischer Sprache nicht wie ein Mensch, der die georgische Sprache spricht, lesen können. Er wird Nutzer/-innen jedoch wirksamer unterstützen können, da er viele Zusammenhänge, über Sprach- und Artikelgrenzen hinweg, besser erkennen kann.

5   Literaturverzeichnis

Bao, J. (2010). *The Unbearable Lightness of Wiking.* Gefunden am 06/03, 2012, unter http://www.slideshare.net/baojie_iowa/2010-0522-smwcon

Deutschlandfunk Kultur. (15/01/2011). *Wikipedia 2.0*

Ebersbach, A., & Glaser, M. (2005). Wiki. *Informatik-Spektrum, 28*(2), 131-135.

elstatchcobar, Vrandečić, D. & Kinzler, D. (31/10/2011). *Wikidata - making a Semantic Wikipedia a reality.* Gefunden am 01/06, 2012, unter http://www.youtube.com/watch?v=mpG4pkuUr9I&feature=youtu.be

Gene Regulation Ontology. (2012). *Gene Regulation Ontology* . Gefunden am 06/06, 2012, unter http://www.ebi.ac.uk/Rebholz-srv/GRO/GRO.html

heise online. (2011). *Wikimedia baut Wikipedia-Datenbank.* Gefunden am 29/05, 2012, unter http://www.heise.de/newsticker/meldung/Wikimedia-baut-Wikipedia-Datenbank-1367255.html

Hoffmann, L. [.]. (2010). *Sprachwissenschaft / ein Reader.* Berlin: de Gruyter.

Krötzsch, M., Vrandečić, D., Völkel, M., Haller, H., & Studer, R. (2007). Semantic Wikipedia. *Web Semantics: Science, Services and Agents on the World Wide Web, 5*(4), 251-261.

Krötzsch, M., Vrandečić, D., & Völkel, M. (2005). *Wikipedia and the Semantic Web - The Missing Links.* Wikimania 2005, Karlsruhe:

Lassila, O., & Swick, R., Ralph. (1999). *Resource Description Framework (RDF) Model and Syntax Specification W3C Recommendation.* Gefunden am 06/03, 2012, unter http://www.w3.org/TR/1999/REC-rdf-syntax-19990222/

Leuf, B., & Cunningham, W. (2005). *The Wiki way / quick collaboration on the Web.* Boston, Mass. ; Munich u.a.: Addison-Wesley.

North, K. (2005). *Wissensorientierte Unternehmensführung / Wertschöpfung durch Wissen.* Wiesbaden: Gabler.

Rehäuser, J., & Krcmar, H. (1996). *Wissensmanagement im Unternehmen.* Stuttgart: Lehrstuhl für Wirtschaftsinformatik, Univ. Hohenheim.

Schaffert, S., Bry, F., Baumeister, J., & Kiesel, M. (2007). Semantic Wiki. *Informatik-Spektrum, 30*(6), 434-439.

Schroer, J. (2008). *Wikipedia: Auslösende und aufrechterhaltende Faktoren der freiwilligen Mitarbeit an einem Web-2.0-Projekt.* Berlin: Logos-Verl.

Semantic MediaWiki. (2012). *SMWCon.* Gefunden am 05/06, 2012, unter http://semantic-mediawiki.org/wiki/SMWCon

Wikimedia Deutschland e. V. (2012). *Pressemitteilungen/PM 3 12 Wikidata.* Gefunden am 04/06, 2012, unter http://wikimedia.de/wiki/Pressemitteilungen/PM_3_12_Wikidata

WikimediaIL, Vrandecic, D., Koren, Y. & Kinzler, D. (16/09/2011). *Wikimania 2011 - 3rd day: Semantic, better wikis.* Gefunden am 01/06, 2012, unter http://www.youtube.com/watch?v=4R4AQAPYLqk

Wikipedia. (2012a). *Hilfe:Thematische Organisation der Artikel*. Gefunden am 01/06, 2012, unter http://de.wikipedia.org/wiki/Hilfe:Thematische_Organisation_der_Artikel

Wikipedia. (2012b). *Wikipedia*. Gefunden am 20/5, 2012, unter http://de.wikipedia.org/wiki/Wikipedia

ZEIT. (2011). *Der Traum von der maschinenlesbaren Wikipedia*. Gefunden am 01/06, 2012, unter http://www.zeit.de/digital/internet/2011-01/wikipedia-semantisch-maschinenlesbar